Explícame...

¿Por qué LOS CARACOLES no tienen PATAS?

Autor: Joséphine Sauvage
Ilustradora: Ninie

Y MUCHAS OTRAS PREGUNTAS SOBRE *el jardín*

LAROUSSE

CONTENIDO

¿Por qué hacen nidos los pájaros?

p. 18-19

¿Qué comen las lombrices?

p. 20-21

¿Por qué los caracoles no tienen patas?

p. 22-23

¿Puede una urraca tener bebés con cualquier ave?

p. 24-25

¿Por qué los canguros no visitan los jardines?

p. 26-27

Encuéntralo en la imagen

p. 28-29

¿Por qué pican las ortigas?

En el jardín, ¡todos se defienden como pueden!

La **chinche** despide un mal olor.

La **rosa** tiene espinas.

Estos **hongos** contienen veneno.

La **víbora** muerde y esparce su veneno.

La **abeja** pica con su aguijón.

La mayoría de las **hormigas** muerden y lanzan veneno.

¿Cómo crecen las zanahorias?

¡Toda la planta es buena!

De una planta se puede comer la **raíz**, como en el caso de la zanahoria, pero también el **fruto** o las **hojas**.

Las verduras de fruto

La calabaza   El melón   La calabacita   Los ejotes

Las verduras de hoja

La col   Las espinacas   La lechuga   El poro

¿De dónde salen las hormigas y por qué siempre tienen prisa?

Los insectos que viven en el jardín

La **catarina**

Tiene dos alas duras que la protegen ¡y dos alas muy finas para volar!

El **saltamontes**

Sus grandes y poderosas patas le permiten saltar muy lejos.

La **mosca**

Sus ojos facetados le permiten ver para todos lados: ¡arriba, abajo, delante, detrás!

El **escarabajo**

El escarabajo de tierra es muy amigo de los jardineros, pues se come a las babosas y a los caracoles que atacan a las plantas.

Las **mariposas**

La mariposa nace en forma de oruga. Luego se transforma en insecto volador.

la limonera

la cejialba

11

¿Por qué la hierba es verde?

¡Un jardín de colores!

Rojo como...

La cereza

El tomate

La chinche roja

La catarina

Amarillo como...

La prímula

La abeja

Azul como...

El aciano

El escarabajo azul

Rosa como...

El rábano

Un botón de rosa

Verde como...

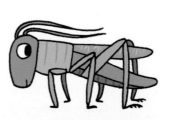
El saltamontes

La rana

13

¿Cómo crece una manzana?

Las ricas frutas del jardín

La **cereza** es el fruto del cerezo.
Tiene un pequeño **hueso**.

La **mora** es el fruto de la **morera**.

La **pera** es el fruto del peral.
Contiene **semillas**.

La **fresa** es el fruto de la planta del
mismo nombre, una planta rastrera.

El **membrillo** es el fruto de la
planta del mismo nombre.

La **frambuesa** es el fruto de
un arbusto, el frambueso.

El **durazno** es el fruto del
duraznero. Tiene un gran hueso.

¿Por qué las flores tienen pétalos?

¡Contemos los pétalos!

La amapola tiene **cuatro** pétalos.

El botón de oro tiene **cinco** pétalos, igual que la rosa mosqueta.

Las rosas y las margaritas tienen... **¡muchos** pétalos!

¿Por qué hacen nidos los pájaros?

Los diferentes nidos del jardín

La codorniz hace su nido **en el suelo**.

El topo hace su nido **bajo la tierra**: excava galerías.

El erizo hace su nido bajo una capa de **hojas** o de **tierra sembrada**.

La golondrina hace su nido **debajo** del **techo** de alguna casa.

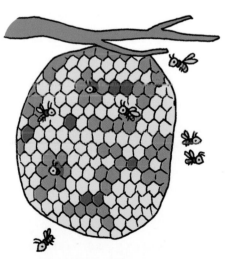

La abeja hace su nido de alveolos de cera en un **árbol** o en una **colmena**.

¿Qué comen las lombrices?

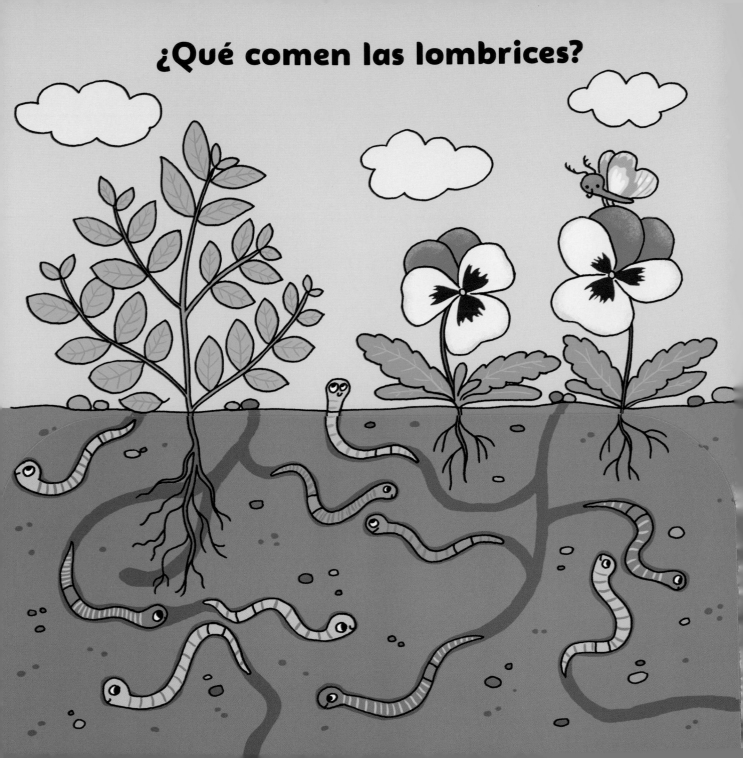

¿Quién se come a las lombrices?

El **topo**

A éste, a su vez, se lo comen el perro,
el gato o el tejón.

El **erizo**

A éste lo cazan el tejón, el zorro
o el búho real.

La **musaraña**

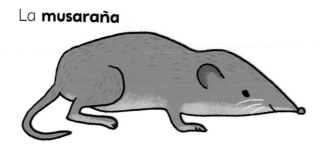

Ésta será la merienda del búho o del halcón...

El **sapo**

¡Cuidado! ¡Ahí están la culebra y el erizo!

El **zorro**

El águila o el lobo lo pueden atacar.

La **serpiente**

¡El zorro se lo puede masticar!

Los grandes se alimentan de los pequeños: así es la **cadena alimenticia**.

¿Por qué los caracoles no tienen patas?

A cada cual su forma de avanzar

Alas para volar

Aletas para nadar

Patas para caminar,
correr o saltar

Un cuerpo (sin patas ni brazos) que se
contrae o se ondula para arrastrarse

¿Puede una urraca tener bebés con cualquier ave?

Las parejas del jardín

La mayoría de las veces es el macho quien seduce a la hembra.

La rana macho **croa** frente a la hembra: ¡croac, croac!

El ratón macho lanza pequeños **chillidos** a la hembra, ¡pero los humanos no pueden entenderlos!

La lagartija macho muestra sus **colores** a la hembra.

El saltamontes macho **estridula** frotando sus alas: ¡cricrí!

El caracol es hembra y macho **al mismo tiempo**.
¡Por eso puede tener bebés con cualquier otro caracol de su especie!
Se dice que es un animal **hermafrodita**.

¿Por qué los canguros no visitan los jardines?

Los animales en su entorno

Cada animal necesita vivir en el entorno que le corresponde.

La **jirafa** necesita acacias
y el calor de la sabana.

El **oso polar** necesita peces
y el frío de la banquisa.

El **panda** necesita bambúes y bosques
de montaña, cálidos y húmedos.

¡Y el **pez ogro** necesita
las profundidades del mar!

Encuéntralo en la imagen

la ardilla roja

el cuervo

la golondrina

el petirrojo

el nido

el campo de ortigas

las hormigas

la mariposa

los caracoles

el hormiguero

la lombriz

¿Quién se oculta en las lechugas? Cuenta a todos los caracoles, ¡grandes y pequeños!

la urraca

el manzano

la catarina

las lechugas

los rábanos

manzana

saltamontes

las zanahorias

el huerto

los pétalos

las flores

el erizo

la oruga

¿Cuántos huevos ves en el nido? ¿Ves a la catarina voladora?

EDICIÓN ORIGINAL
Dirección de la publicación: Sophie Chanourdie
Edición: Marie-Claude Avignon
Responsable artístico: Laurent Carré
Diseño de portada: Bénédicte Lakhal
Formación: Sylvie Fécamp

EDICIÓN EN ESPAÑOL
Dirección editorial: Tomás García Cerezo
Gerencia editorial: Jorge Ramírez Chávez
Coordinación editorial: Graciela Iniestra Ramírez
Traducción: Adriana Santoveña Rodríguez
Formación: Ediciones Larousse, S.A. de C.V.
con la colaboración de Erika Alejandra Dávalos Camarena
Adaptación de portada: Ediciones Larousse, S.A. de C.V.
con la colaboración de Rubén Vite Maya

Título original: *Explique-moi...*
Pourquoi L'escargot n'a pas de pattes
© Larousse 2018
21, rue du Montparnasse
75006 París

D.R. © MMXIX
Ediciones Larousse, S.A. de C.V.
Renacimiento 180,
Col. San Juan Tlihuaca,
Azcapotzalco, México,
02400, Ciudad de México

ISBN: 978-2-03-594676-8 (Francia)
ISBN: 978-607-21-2145-4 (México)
Primera edición, febrero de 2019

*Esta obra no puede ser reproducida, total
o parcialmente, sin autorización escrita
del editor.*

*Larousse y el logotipo Larousse son marcas
registradas de Larousse, S.A.*

Impreso en China - *Printed in China*